GRETA GARBO – EIN MYTHOS IN BILDERN

Siebenundzwanzig Filme, in den Jahren 1922 bis 1941 gedreht, haben den Mythos der »göttlichen Garbo« entstehen lassen – einen Mythos, der bis heute andauert und der in der Geschichte des Kinos ohne Vergleich ist.

Rätselhaft und schmerzlich schön, angebetet und unerreichbar steht ihre glänzende Erscheinung vor uns. Noch immer vermag sie jenen Schauer auszulösen, den der Anblick von Schöpfungen erzeugt, in denen sich die Götter zu erkennen geben.

Die Bilder des vorliegenden Bandes, aufgenommen von Meistern der Portraitphotographie wie Cecil Beaton, Edward Steichen, George Hoyningen-Huene, Arnold Genthe, Clarence Sinclair Bull und vielen anderen, zeigen Schritt für Schritt die erstaunliche Verwandlung des ehemaligen Aushilfsmannequins Greta Lovisa Gustafsson in das öffentliche Kunstwerk Greta Garbo, in die makellose und statuengleiche Verkörperung unseres Idealbilds von absoluter Schönheit.

Greta Garbo wurde am 18. 9. 1905 in Stockholm geboren. Vom schwedischen Regisseur Mauritz Stiller entdeckt, stand sie in dessen Verfilmung der *Gösta Berlings Saga* zum erstenmal vor der Kamera. Ein Jahr später spielte sie neben Asta Nielsen in G. W. Pabsts *Die freudlose Gasse.* 1925 folgte sie ihrem Mentor Stiller nach Hollywood, wo Louis B. Mayer sie 1926 für Metro Goldwyn Mayer unter Vertrag nahm und pro Jahr mindestens einen Film mit ihr produzierte: unter anderem *Mata Hari,* 1932 unter der Regie von George Fitzmaurice, *Menschen im Hotel,* ebenfalls 1932 (Regie: Edmund Goulding), *Königin Christine,* 1933, Rouben Mamoulian führte Regie, *Anna Karenina,* 1935 (Regie: Clarence Brown), *Die Kameliendame,* 1936 unter der Regie von George Cukor und *Ninotschka,* 1939 unter Ernst Lubitsch. Nach *Die Frau mit den zwei Gesichtern,* den sie 1941 wiederum unter Cukors Regie drehte, zog sich Greta Garbo im Alter von sechsunddreißig Jahren unwiderruflich ins Privatleben zurück. Sie starb am 15. April 1990.

128 Seiten, 78 Duotone-Tafeln

GRETA GARBO

Ein Mythos in Bildern

Mit einem Essay von
Gisela von Wysocki

Schirmer/Mosel

CIP-Titelaufnahme der Deutschen Bibliothek

Greta Garbo : ein Mythos in Bildern / mit einem Essay
von Gisela von Wysocki. - München : Schirmer-Mosel, 1990
ISBN 3-88814-386-1
NE: Wysocki, Gisela von [Mitverf.]

© für den Text 1990 by Gisela von Wysocki
© 1990 by Schirmer/Mosel München
Alle Rechte, auch die des auszugsweisen Nachdrucks,
der photomechanischen Wiedergabe und der Übersetzung, vorbehalten.
Repro: Brend'amour, Simhart & Co., München
Satz: Fertigsatz, München
Druck und Bindung: Passavia Passau
ISBN 3-88814-386-1
Eine Schirmer/Mosel Produktion

Photographen

Russell Ball
Cecil Beaton
Atelier Binder
Clarence Sinclair Bull
Olof Ekstrand
Arnold Genthe
Henry B. Goodwin
George Hoyningen-Huene
George Hurrell
Ruth Harriet Louise
Edward Steichen

Ein Gesicht aus der Fremde

*»Und die Schönste der Schönen versprach schön zu sein,
aber ohne zu versprechen zu sein.« (Paul Eluard)*

Hugo von Hofmannsthal verglich das Kino mit einer Kiste voller Requisiten, wie der Zauberer sie braucht. Im halbdunklen Raum öffnet sie sich vor den Menschen, und sie beginnen, sich zu vergessen: »Denn solche Bilder bleibt ihnen das Leben schuldig«. Alles, was man möchte und braucht – hier ist es!, seßhaft geworden in diesem Wirbel der Schatten. Sie sind ausgeschiedene Natur. Ihre Sprache ist die Kindheitssprache der Moderne. Gesicht ist Landschaft, Gefühl, Körper. Sprache ist Klang, Ton. Ein Zimmer ist Atmosphäre, Licht und Dunkel. Wir kennen uns aus, während wir in der Schwärze des Saales unsichtbar werden und allein das Geschehen auf der Leinwand lebendig ist.

Die Lebendigkeit der Garbo, schreibt Franz Blei, ist »das seiner selbst nicht bewußt gewordene Gefühl.«[1] Ein Gefühl, das sich ausprobiert, statt sich schätzen zu lassen vor dem Gerichtshof der Ratio. Es sagt, die Frau regiert die »Welt«. Das ist mehr als die »Gesellschaft«. Ihre Reichweite umfaßt andere Gebiete, und von ihnen wälzt sie den Grabstein fort, der sie unzugänglich gemacht hat. Deshalb sind die Bewegungen, die Gesten der Garbo aktiv auf Handlung bezogen. Sie zeigen direkt, ohne die Umwege einer gezierten Koketterie, auf das Ziel einer explosiven Selbstverwirklichung, deren Leuchtkraft auch das Feuer der Hölle sein kann.

Greta Garbo, die perfekteste Kinophantasie, repräsentiert eine Welt, in der die Frau ungehindert ihren Emotionen leben kann. Sie ist schön aus Reichtum: sie ist Frau nicht als Geliebte oder als Weib des Mannes, sondern als Gattungsgeschöpf, als allgemeine Idee des Weiblichen. Sie ist nicht begrenzte Zivilisation, sondern allgemeine Natur. Ihre Schönheit erscheint nicht als sozialer Status, als Privileg; sie mischt sich nicht ins gelebte Leben, vielmehr behauptet sie die Reinheit des Genialen, die Zwecklosigkeit, die artistische Praxis, die romantische Revolte. In dieser

---

1 Franz Blei, »Die göttliche Garbo«, in: Mae West, *Greta Garbo,* München 1978, S. 121.

Schönheit liegt etwas Monologisches, Unnahbares. Und wenn sie sich öffnet, dann öffnet sie sich der ganzen Welt: der Natur, den Blumen, den Gegenständen. Sie wird zum Rausch. »Nur im Rausch«, schrieb Curt Sachs, »löst sich der Mensch«; er weitet sich aus, über seine Grenzen hinweg. Die Welt wird kleiner, das Ich titanenhaft. »Alles geht weiter weg«, sagt Ninotschka nach ihrem ersten Champagner. So wie sie ihrem Pariser Freund erklärt, sie möchte nie hinter einem Glasrahmen als Bild auf seinem Schreibtisch stehen (»Ich könnte nicht atmen!«), so ist ihre ganze Erscheinung angelegt als ein Aufbruch in unabgegrenzte Gefühle und Selbstentdeckungen. Sie verströmt sich und hat darin eine Autonomie, die ihre Weiblichkeit vor Kompromissen bewahrt. Das läuft nicht über Worte, über Erklärungen, sondern über eine gestische Bewegung, die jenseits aller gesellschaftlichen Differenzierungen zu liegen scheint. Ich frage nicht nach, ich wäge nicht Für und Wider, ich legitimiere mich nicht; ich weise mich nicht aus, in einem doppelten Sinn. Vielleicht bringt es den Tod, vielleicht aber auch das Paradies – auf jeden Fall kein Dazwischen, kein armseliges, schäbiges, durchgefeiltes Leben.

Kameliendame, »Camille«. Sie gibt ein Fest in ihrem Haus. Die Gäste amüsieren sich, die Charaktermasken von 1847 in Paris. Marguerite in schneeweißen Blumen ist unter ihnen eine Fremde. Das ist die interne Botschaft der Garbo. Sie ist Kurtisane, sie ist heruntergekommene Prostituierte, sie ist Mutter, Ehefrau, aber ihre Schönheit, die als Natur ihres Selbst erscheint, treibt darüber hinaus. Der dekorierte Körper der Garbo, das Maskenhafte ihres weißen Gesichts, ihre langen Blicke verströmen einen Exotismus, der in uns eine eigene, fremd gewordene Erfahrung freigibt. Den zurückgestauten Wunsch nach der gigantischen, unvergleichbaren und absoluten Form unseres Lebens.

Die Hure, die ihr Geschäft versteht, erweckt bei jedem Mann heimlich die Illusion, daß sie nur bei ihm einen Orgasmus hatte. Die Garbo zeigt sich ihren Zuschauern so, daß jeder sich einbildet, mit ihr zusammen etwas Besonderes zu werden. Ihre Schönheit, fürstlich, füllt die Folien des Großartigen aus. Sie verschränkt sich mit psychologischen Bewertungen dessen, was wir unser »besseres« Ich, die sonntägliche, phantastische Seite unseres Lebens nennen. Der schwedische Königshof (»*Queen Christina*«), die Kaisersäle der Maria Walewska (»*Conquest*«), das Grand Hotel in Paris, die reichen Zimmer der Anna Karenina sind mythische Landschaften, in denen große Lebensschicksale spielen. Eine funkelnde Unbestimmtheit, die das Leben gleichzeitig einfach und komplex erscheinen läßt, bringt die Gefühle in Bewegung, läßt sie sterben; kreiert die Standards von Gut und Böse; setzt das Glück von der Traurigkeit ab.

Garbos romantische, ins Religiöse spielende Signatur ist eine der letzten Repräsentationen des Idealen. Hat diese Schönheit ein Vaterland, eine bestimmte Rasse, ein Alter? Ohne Arbeit, ohne Anstrengung scheint sie mächtig zu sein, von einer mühelos gewonnenen Stärke. Auf ihrer leuchtenden Oberfläche ruhen wir uns aus. Wie das Kind, dem die Puppe und die Stimme aus dem Radio wie der Mond gleich nahe sind, scheint diese Schönheit im Besitz magischer Bedeutungen und Sprachen zu sein. Ihr Merkmal ist die Hingabe an das Allgemeine, an die Kreatur, an die Liebe, an die Elemente: an das Wasser. Sie scheint gebettet in Schnee und Wolken.

Ihre erotischen Leidenschaften haben keine individuelle Geschichte, nichts Begrenztes. Daher sind sie körperlos, ohne die Erfahrung der sinnlichen Verfallenheit an eine bestimmte Lust. In Wirklichkeit schließt solche Verfallenheit auch Bestrafung und Erniedrigung ein. Die Garboschen Melodramen halten sich davon frei. Sie sind feudal und kindlich. Ihre Unschuld erwächst auf der Basis der Kenntnislosigkeit, der Ignoranz, die als Noblesse erscheint. Als verarmte Gräfin den Kaiser lieben, das ist Material für ein paar tolle Wochen. Aber der Liebhaber, ein gieriger Karrierist, enttäuscht. Sie kann nur den Helden lieben, den Kämpfer für das »Volk« und die »Freiheit«. Der individuelle Stoff, die Neurosen, von denen das Heldentum zehrt, bleiben außerhalb des Blickfeldes, bis sie schließlich als unerwartete Katastrophe die »große Liebe« treffen und zerstören. Die Schönheit der Garbo, wie der Mond oder die Seerose, im Himmel oder im Gewässer wurzelnd, lebt sich aus jenseits der Risiken der Beschmutzung. Jean Cocteau schreibt über sie, sie opponiere gegen die Fabrik, gegen das Maschinensystem und den Pluralismus. Das Technische und das Malochen wird diesem kostbaren Gesicht ferngehalten. Ebenso erscheinen die Gegenstände, die Materialien, jenseits ihrer Zerrissenheit, wie ausgestellt in einem geweihten Raum. Sie haben nur als Fetische Bedeutung. Wie die Juwelen nach der ersten Ballnacht der Ninotschka, so erscheinen alle diese Möbel, Blumen, Tiere in der Nähe der Garbo: wie geschmücktes Leben, ohne die Zeichen der menschlichen Arbeit. Die Natur wird als Geschenk gezeigt, als Morgengabe für die Frau.

Die nur als reine Schönheit begehrte Natur, das Glück ohne Stachel, der Wunsch ohne seine Ambivalenzen, das ist der mythologische Stoff der Garboschen Frauen. Sie sind mit ihrer Umwelt wie Gewächse verflochten, kohärente Bilder stellend. Als Glückliche leben die Frauen der Garbo oft auf dem Land. Der Sprung auf die Wiese, die geöffneten Fenster ins Freie, das ist ihr romantischer Boden, horizontlose Ferne. Im Drama, gegen Schluß der Filme, verdichten sich die Elemente zur unheilvollen Vision. Die schemenhafte Silhouette der Königin Christine, die den toten Geliebten übers Meer schifft, verschmilzt mit den Wolken, mit der Bewegung des Windes und dem geschnitzten Bug des Schiffes. Die Garbo stellt Frauen als Bilder vor: sie leben davon, daß man sie anschaut, und geben schläfrig versunken den Blick zurück. Wenn ich spiele, bin ich wie im Fieber, sagte die Garbo über ihr Spiel. Es ist wirklich das Bild einer Berauschten, das sie uns häufig zeigt. Mauritz Stiller bemerkte, wie leicht man sie beherrschen konnte, wenn man ihr direkt in die Augen sah. Ebenso mochte das Kameraauge als gebieterischer Blick sie beeindruckt haben. »Greta Garbo gehört noch zu jenem Augenblick in der Geschichte des Films«, schreibt Roland Barthes in seinen *Mythen des Alltags,* »da man sich buchstäblich in einem menschlichen Abbild verlor wie in einem Liebestrank.«[2]

Wenn dieses Bild eines Gesichts die Augen aufschlägt, spüren wir seine saugende, süchtig machende Wirkung, und wir verlangen von ihm, daß es sich in eine Geste verwandelt. Wir geben uns als Beute: Unterworfene eines Mythos, der uns bedeutet, Alles zu sein, statt Etwas; nie nur das zu sein, was die Gesichter, die Häuser, die Kleider, Landschaften und Ereignisse wirklich sind.

Wenn sie Liebe macht, mit Graf Wronsky, Napoelon oder als Königin Christine mit dem spanischen Gesandten – probt sie den Aufstand. Aber er gelingt nicht; man sieht ihm das Gespielte, das Gemachte, die Illustration an. Jeder Aufbruch auf das Leben zu, auf die Wirklichkeit der Körper, wird zum Mißgeschick. Viel Hoffnung wird in das Große Abenteuer gesetzt, aber wenig ändert sich wirklich. Die Bewegungen dieses Körpers sind genuin seine eigenen, wenn sie wie unter Wasser, fast träumend geschehen. Da platzt nichts, nichts zerreißt im Vorwärtsdrängen der Gefühle, in der Verzweiflung oder im Glück. Der Augenaufschlag, der dieses Gesicht aussehen läßt wie ein kostbares Pelztier, kommt immer wieder aus einer fremden, unbewußten Welt, die unter einem einzigen Gesetz steht: die Schönheit für das Ganze zu nehmen.

Unter diesem Prinzip der Passivität versammelt die Garbo ihr Publikum. Man träumt sich in einen wundervollen Naturschutzpark des Lebens hinein. Das herrliche Gewächs, das es hier zu betrachten gibt, ist nicht nur die schönste Züchtung unter der Sonne, sondern sie hat auch Gefühle; sie ist menschenfreundlich. Sie hat Herz. Die

---

2 Roland Barthes, »Das Gesicht der Garbo«, in: *Mythen des Alltags,* Frankfurt 1974, S. 73.

Schönheit der Garbo ist moralisch, sie ist veredelte Natur, keine blinde. Ihr ist das Heilige näher als das Heidnische. Die Garbo hat keine Beziehungen zum Laster. Wenn sie Kurtisanen spielt – als Kameliendame, Anna Christie –, verfügt sie über so viel Unschuld wie eine gut behütete Tochter. Sie stellt die Sünde dar. Aber in den Dimensionen einer biblischen Gestalt, die noch im Paradies zu Hause ist. Wenn sie verschwendungssüchtig ist – dann nicht für sich. Ihre hohen Ausgaben gelten heimlich dem alten Kutscher, der durch den Bankrott seiner Herrschaft stellungslos geworden ist.

Greta Garbo, das ist die Transzendierung des Alltäglichen in Gestalt einer stets fleckenlos bleibenden Heldin. Auch, in »*A woman of affiars*«, als eine in zwiespältige Abenteuer und Bedeutungen verstrickte Figur handelt sie am Ende doch mit stählerner Eindeutigkeit. Lieber fährt sie sich selbst an einen Baum, als den Freund mit ihrer Leidenschaft zugrunde zu richten. Sie dankt ab, geisteskrank, als gammelnde Säuferin vom Montmarte, exekutierte Mata Hari oder schwindsüchtige Kameliendame. In ihrer Stärke ist sie lebensunfähig: voller Verlangen nach einer Freiheit, die so grandios wie unbegriffen bleibt. Formelhaft wiederholen sich die Gesten des Unbedingten, das Pathos der heroischen Übertreibung. Darin ist Greta Garbo als Bild festgelegt – eine statuarische Konstellation mit immer »richtigen« Einsätzen. Der materiale Unterschied zwischen Erfüllung und Verzicht verschwindet. Wenn es nur der »eigene« Weg ist.

Neben ihr machen die Männer schlechte Figur. Was für knauserige, enge Existenzen, Lebensstümper. Immer haben sie Angst, ihre Balance zu verlieren. Graf Wronsky *(»Anna Karenina«)* findet nach herrlichen Wochen in die Uniform des zaristischen Offiziers zurück. Die Realität der Männer erscheint als eine der Jobs, der Verträge, der kleinlichen Sicherheiten und Gefühle.

Die Heldinnen der Greta Garbo warten nicht auf die Männer, so wie die bürgerliche, ans Haus gebundene Frau gewartet hatte. Lillian Gish oder Elisabeth Bergner verkörpern den Typus einer spiritualisierten Weiblichkeit, deren Kunst sie als Hüterinnen einer Welt zeigt, die sie nicht hervorbringen, nur schmücken. Es kennzeichnet die neue Ära der Garbo-Rollen, daß hier die Frauen, in »moderne Zeiten« versetzt, ihr großstädtisches Schicksal haben. Die gesellschaftlich erzwungene Vertreibung aus Puppenheim, das ist, in den zwanziger Jahren, der Boden neuer Freiheiten für die berufstätigen Frauen des Mittelstands. Die falsche Nähe der eigenen vier Wände ist dem einsamen Elend der Großraumbüros gewichen. Die Frauen sind aus ihrem Schattenleben herausgetreten – aber stehen sie jetzt im Licht? Das monatliche Gehalt, die eigene Wohnung oder das gemietete Zimmer machen sie unabhängig, zeitgenössisch. Aber sind sie Zeitgenossinnen *ihrer* Geschichte?

Auch die Frauen der Garbo sind unterwegs; sie sind berufstätig. Aber ihre Tätigkeiten sind von besonderer Art und haben selten eine geregelte monatliche Vergütung. Sie sind Tänzerin, Lebedame, russische oder deutsche Spionin, Sängerin und Königin. Ihre romantischen Lebensformen weisen auf das Bedürfnis, in die männliche Wirklichkeit eine weibliche, farbige, poetische Dimension zu treiben. Die Großaufnahme (das Gesicht der Garbo zum Gestirn geweitet) in magischer Ausstrahlung, unverrückbar in ihrer Evidenz, zeigt Bedeutungen jenseits des Alltäglichen. Lieber das fremde, grandiose Bild, der Kult des Besonderen, als der mühselige Aufbau der eigenen Identität und Geschichte: das ist der Schlüssel zu jenem spezifischen Typus der Garboschen Weiblichkeit. Ihre Welt, ohne Fenster und Türen und ohne Tageslicht, entwirft aus der Schönheit von Stoff, Lack, Leim und Papier die Zeichen eines gelebten Lebens, das einschränkungslos in einer magisch symbolhaften Schicht der Dinge und Menschen möglich scheint. Drei Personen sind es, die die Filmjahre der Garbo konstant begleitet haben: die drei, die in ihren Filmen für die Kamera, für die Bauten und für die Kostüme zuständig waren. Die Beleuchtung, der Raum, die Ausstattung: fast eine Wirklichkeit für sich, eine immer und immer wieder gleichgeformte synthetische Welt.

Sie sah sich selber als »die Garbo«, verfallen an den eigenen Mythos. Durch ihn hindurch baute sie sich ihre Subjektivität auf. In den Studios von Culver City, in den Dekorationen des Melodrams, im Licht- und Schattenspiel des Zelluloids wurde sie ansässig. Sie war geschaffen, den Verzicht auf ihr eigenes leibhaftiges Glück zu ertragen, indem sie den entfremdeten Träumen aus der Hollywood-Kultur lebendigen Atem einhauchte. Sie ermittelte in den fadenscheinigen Konstruktionen das Poetische; sie gab dem Menschheitstraum von der gelungenen Schöpfung ihr Gesicht.

Mit vierzehn war sie Friseuse gewesen, dann Verkäuferin in Stockholm. Mauritz Stiller, der Berühmte, nahm sie als seine hübsche Begleiterin mit nach Amerika; andere Männer bauten an ihrer Karriere weiter. Im Aufstieg zur »Göttlichen« liegt ihr großer Sprung, der alle, die einmal hinter ihr standen, jetzt hinter sich läßt. Sie überlebte, indem sie die Erscheinung ihres eigenen Lebens verwischte und sich wärmte, wie ihr Publikum, an der Idee, am Pathos der Schönheit – nicht an ihrer in Natur, Körper und individueller Geschichte verankerten leibhaftigen Gestalt. Ihre

Produktivkraft blieb gebunden an das Gesicht eines Traumes, dem ihre Schönheit Leben und Erscheinung gab. Schon 1926, nach ihrem ersten Film, hatte Greta Garbo durch einen siebenmonatigen Streik erreicht, daß MGM sie nicht auf der Rolle des Vamps sitzen ließ. Und in ihrem ersten Tonfilm »Anna Christie« erschien sie dann, kaputt und übernächtigt, in einer ziemlich heruntergekommenen Kneipe und bestellte sich einen Whisky: mit einer Stimme, die sich »wie eine Nadel auf den Lichttonstreifen einkratzte« (Rudolf Arnheim). So gab sie ihrer Schönheit schließlich etwas in sich Gefährdetes und die Modernität einer in androgyne Bereiche spielenden Ungefälligkeit. Die Freundin Salka Viertel nannte die schönste Rolle der Greta Garbo die Königin Christine, eine exzentrische junge Frau, die sich in Hosen und Männerstiefeln zeigt. Das sind Spuren, die die Garbosche Schönheit zeichnen, und in diesen Ambivalenzen steckt ihr Äußerstes.

Sprachlos, im Rückzug, nimmt sie erst im Alter wahr, daß Bild und Wirklichkeit ihres Lebens weit auseinanderweisen. Das Bild auf der Leinwand bleibt unerreichbar für die, die es wirft. Aber es ist der Ort ihrer weiblichen Emigration; das Zelluloid ihr Zuhause.

So wie sie das Bild erfüllte, füllte sie sich mit ihrem Bilde. Sie sättigte sich an den tausend Erscheinungen, die ihr von der Leinwand entgegentraten. Ihre Schönheit, in die Fiktion geglitten, macht ein schimmerndes und verlockendes Leben sichtbar. Undurchdringlich, träge, sich verzögernd, voller Andeutungen, voller Metamorphosen, voller Heimlichkeit ist sie die an den Rändern der Moderne ergriffene und festgehaltene Zeit.

Tafeln

Die Angabe von Filmtiteln in den Tafellegenden dient der zeitlichen Einordnung der Aufnahmen und bedeutet nicht in jedem Fall, daß es sich um Standphotos aus diesen Filmen handelt.

1
Photo: Anon., Stockholm 1920

2
»Gösta Berlings Saga«, 1924
Photo: Anon.

Photo: Olof Ekstrand, Stockholm 1924

Photo: Henry B. Goodwin, Stockholm 1924

Photo: Atelier Binder, Berlin 1925

Photo: Arnold Genthe, New York 1925

Photo: Arnold Genthe, New York 1925

Photo: Arnold Genthe, New York 1925

Photo: Arnold Genthe, New York 1925

10
Photo: Russell Ball, Hollywood 1925

Photo: Anon., ca. 1926

Photo: Ruth Harriet Louise, Hollywood, ca. 1926

Photo: Ruth Harriet Louise, Hollywood 1927

Photo: Ruth Harriet Louise, Hollywood 1927

15
»The Torrent«, 1926
Photo: Ruth Harriet Louise

16
»The Torrent«, 1926
Photo: Ruth Harriet Louise

17
»The Torrent«, 1926
Photo: Ruth Harriet Louise

18
»The Temptress«, 1926
Photo: Anon.

19
»The Temptress«, 1926
Photo: Anon.

20
»Flesh and the Devil«, 1926
Photo: Anon.

21
»Flesh and the Devil«, 1926
Photo: Anon.

22
»Flesh and the Devil«, 1926
Photo: Ruth Harriet Louise

»Love«, 1927
Photo: Ruth Harriet Louise

24
»Love«, 1927
Photo: Ruth Harriet Louise

»The Mysterious Lady«, 1928
Photo: Anon.

26
»The Mysterious Lady«, 1928
Photo: Ruth Harriet Louise

Photo: Edward Steichen, New York 1928

Photo: Edward Steichen, New York 1928

29
»A Woman of Affairs«, 1929
Photo: Ruth Harriet Louise

»Wild Orchids«, 1929
Photo: Ruth Harriet Louise

31
»The Single Standard«, 1929
Photo: Anon.

GRETA GARBO / NILS ASTHER

32
»The Single Standard«, 1929
Photo: Anon.

»The Single Standard«, 1929
Photo: Anon.

34
»The Kiss«, 1929
Photo: Clarence Sinclair Bull

35
»The Kiss«, 1929
Photo: Clarence Sinclair Bull

36
»The Kiss«, 1929
Photo: Clarence Sinclair Bull

37
»The Kiss«, 1929
Photo: Clarence Sinclair Bull

»Anna Christie«, 1930
Photo: Clarence Sinclair Bull

»Anna Christie«, 1930
Photo: Clarence Sinclair Bull

40
»Anna Christie«, 1930
Photo: Clarence Sinclair Bull

41
»Romance«, 1930
Photo: George Hurrell

42
»Inspiration«, 1931
Photo: Clarence Sinclair Bull

43
»Inspiration«, 1931
Photo: Clarence Sinclair Bull

»Inspiration«, 1931
Photo: Clarence Sinclair Bull

45
»Susan Lennox«, 1931
Photo: Clarence Sinclair Bull

»Susan Lennox«, 1931
Photo: Clarence Sinclair Bull

47
»Susan Lennox«, 1931
Photo: Clarence Sinclair Bull

48
»Susan Lennox«, 1931
Photo: Clarence Sinclair Bull

49
»Susan Lennox«, 1931
Photo: Clarence Sinclair Bull

50
»Susan Lennox«, 1931
Photo: Clarence Sinclair Bull

51
»Mata Hari«, 1932
Photo: Clarence Sinclair Bull

52
»Mata Hari«, 1932
Photo: Clarence Sinclair Bull

53
»Mata Hari«, 1932
Photo: Clarence Sinclair Bull

GRETA GARBO / ROBERT TAYLOR

»Mata Hari«, 1932
Photo: Clarence Sinclair Bull

55
»Mata Hari«, 1932
Photo: Clarence Sinclair Bull

56
»Mata Hari«, 1932
Photo: Clarence Sinclair Bull

57
»Grand Hotel«, 1932
Photo: Clarence Sinclair Bull

58
»As you desire me«, 1932
Photo: Clarence Sinclair Bull

59
»Queen Christina«, 1933
Photo: Clarence Sinclair Bull

»Queen Christina«, 1933
Photo: Clarence Sinclair Bull

61
»The Painted Veil«, 1934
Photo: Clarence Sinclair Bull

62
»Anna Karenina«, 1935
Photo: Clarence Sinclair Bull

63
»Camille«, 1936
Photo: Clarence Sinclair Bull

64
»Camille«, 1936
Photo: Clarence Sinclair Bull

»Camille«, 1936
Photo: Clarence Sinclair Bull

66
»Conquest«, 1938
Photo: Clarence Sinclair Bull

67
»Conquest«, 1938
Photo: Clarence Sinclair Bull

»Ninotchka«, 1939
Photo: Clarence Sinclair Bull

»Two-Faced Woman«, 1941
Photo: Clarence Sinclair Bull

»Two-Faced Woman«, 1941
Photo: Clarence Sinclair Bull

71
»Two-Faced Woman«, 1941
Photo: Clarence Sinclair Bull

72
»Two-Faced Woman«, 1941
Photo: Clarence Sinclair Bull

Photo: Cecil Beaton, New York 1946

Photo: Cecil Beaton, New York 1946

Photo: Cecil Beaton, New York 1946

Photo: Cecil Beaton, New York 1946

77
Photo: George Hoyningen-Huene, 1951

Photo: George Hoyningen-Huene, 1951

Sven Gustafsson, Stockholm: 1, 2, 4, 12, 16, 23, 26, 29, 38–40, 48, 51, 63–65; Svenska Filminstitut, Stockholm: 3, 33, 54, 56, 66; Ullstein Bilderdienst, Berlin: 5; Sammlung Gruber, Museum Ludwig, Köln: 76; Archiv K. T. Clemens, Tübingen: 58, 60, 70; Kobal Collection, London: 14, 15, 17–22, 24, 25, 30–32, 34–37, 41–47, 49, 50, 52, 53, 55, 57, 59, 61, 62, 67, 68, 71, 72; Sotheby's, London: 73–75; The Billy Rose Theatre Collection at The New York Public Library, New York: 10, 13, 69; Nico Hondrogiannis, New York: 77, 78; Julian Bach Literary Agency, Inc., New York; Courtesy Joanna T. Steichen: 27, 28; The Museum of Modern Art, New York: 11; The Library of Congress, Washington: 6–9.